LÉGISLATION ALGÉRIENNE

LES

TRIBUNAUX RÉPRESSIFS INDIGÈNES

LES

DÉCRETS DES 29 MARS ET 28 MAI 1902, 9 AOUT 1903

PAR

M. Gilbert MASSONIÉ

DOCTEUR EN DROIT, AVOCAT A CONSTANTINE

PARIS

ANCIENNE LIBRAIRIE THORIN ET FILS

ALBERT FONTEMOING, ÉDITEUR

Libraire des Écoles Françaises d'Athènes et de Rome
du Collège de France et de l'École Normale Supérieure

4, RUE LE GOFF, 4

1904

LÉGISLATION ALGÉRIENNE

LES

TRIBUNAUX RÉPRESSIFS INDIGÈNES

LES DÉCRETS DES 29 MARS ET 28 MAI 1902, 9 AOUT 1903

LÉGISLATION ALGÉRIENNE

LES

TRIBUNAUX RÉPRESSIFS INDIGÈNES

LES

DÉCRETS DES 29 MARS ET 28 MAI 1902, 9 AOUT 1903

PAR

M. Gilbert MASSONIÉ

DOCTEUR EN DROIT, AVOCAT A CONSTANTINE

PARIS

ANCIENNE LIBRAIRIE THORIN ET FILS

ALBERT FONTEMOING, ÉDITEUR

Libraire des Écoles Françaises d'Athènes et de Rome
du Collège de France et de l'École Normale Supérieure

4, RUE LE GOFF, 4

1904

LÉGISLATION ALGÉRIENNE

LES

TRIBUNAUX RÉPRESSIFS INDIGÈNES

LES DÉCRETS DES 29 MARS ET 28 MAI 1902, 9 AOUT 1903

I. — Historique. Position de la question.

Le décret du 29 mars 1902 et celui subséquent du 28 mai 1902 ont, en Algérie, dessaisi les tribunaux correctionnels de la connaissance des délits commis en territoire civil par les indigènes, pour l'attribuer à une juridiction nouvelle, créée de toutes pièces, à laquelle, semble-t-il, eût mieux convenu le nom de *commission* que celui de *tribunal*.

En effet, l'élément judiciaire n'y entrait qu'en minorité. Le tribunal était composé, pour chaque canton au chef-lieu duquel il siège, du juge de paix président et de deux assesseurs, l'un français l'autre indigène, qui pouvaient être des fonctionnaires ou des notables, et qui étaient nommés pour un an par le Gouverneur général. En outre, la poursuite et l'instruction des délits étaient attribuées à un fonctionnaire unique qualifié « officier du ministère public » et nommé temporairement par le Gouverneur général.

A première vue, la composition de ce tribunal apparaissait comme singulière en même temps que fâcheuse. Un seul de ses membres relevant de l'autorité judiciaire, et les autres de l'autorité administrative, la juridiction nouvelle ressemblait beaucoup plus à une institution administrative qu'à une institution judiciaire. Il y avait là une fâcheuse atteinte au principe de la séparation des pouvoirs, et par là même une source d'abus et de conflits.

Mais ce n'est pas tout. Le tribunal devait statuer après une procédure sommaire au cours de laquelle l'indigène était privé de toute garantie et de tout recours. Il pouvait être appelé devant le tribunal par une citation verbale et, en cas de défaut, le droit d'opposition ne lui était ouvert que sous des conditions rendant celle-ci pratiquement impossible, car, aux termes de l'article 3 du décret du 29 mai 1902, il devait prouver « qu'il n'a pas eu connaissance de la citation. »   .

Les autres voies de recours étaient également restreintes ou supprimées. Ainsi l'appel n'était permis au prévenu qu'en cas de condamnation à plus de six mois de prison ou plus de cinq cent francs d'amende ou de dommages-intérêts, et il n'était pas question du droit d'appel des autres parties privées en cause. Quant au pourvoi en cassation, il était supprimé et remplacé par une sorte de recours devant la Cour d'Alger, improprement dénommé « pourvoi en revision » et ouvert seulement au Procureur général.

Si la nouvelle institution, qui comporte d'aussi graves dérogations au droit commun, a été fortement louée par les colons et leurs représentants, qui ont cru y voir une garantie au point de vue de la sécurité et ont escompté par avance des résultats qu'on en est encore à attendre; si elle a été louangée au delà de toute mesure par les Conseils municipaux et les Comices agricoles, assemblées sans qualité pour apprécier une œuvre judiciaire, en revanche les jurisconsultes, les avocats et les hommes indépendants lui ont adressé les plus vives critiques. Ce n'est pas ici le lieu de les reprendre, mais il suffit de rappeler qu'elles touchèrent vivement la Chambre des députés lors de l'interpellation si documentée qui fut développée par M. Albin-Rozet, à qui se joignirent MM. Berthet et Flandin, à la suite de laquelle, le 4 avril dernier, la Chambre vota un ordre du jour invitant le Gouvernement à « apporter sans retard à l'organisation des tribunaux répressifs les modifications nécessaires pour assurer aux inculpés les garanties inséparables de toute justice. »

L'élaboration des premiers décrets ayant été trop rapide et trop secrète, on voulut que la réforme annoncée fût sérieusement étudiée, et ce fut une Commission extra-parlementaire qui fut chargée de la préparer.

Cette Commission remplit sa mission avec une conscience au-dessus de tout éloge. Il est cependant regrettable que l'opinion de jurisconsultes comme MM. Le Poittevin et Garçon, d'hommes indépendants, en même temps que compétents, comme MM. Rozet, Berthet, Flandin, Viviani, n'ait pas toujours prévalu contre celle de fonctionnaires et de politiciens trop souvent guidés par des nécessités politiques et des contingences électorales.

Des travaux de la Commission est sorti le décret du 9 août 1903, consacrant la réforme des tribunaux répressifs.

Mieux que les premiers décrets, la nouvelle législation s'est efforcée d'accorder aux inculpés les garanties inséparables de toute justice; par sa contexture, son caractère général, la combinaison des garanties de droit commun pour tempérer la procédure d'exception, elle constitue évidemment quelque chose de plus acceptable. Mais sacrifiant un peu trop à la rapidité de la répression et à cette idée que les voies de recours n'étaient entre les mains des indigènes que des moyens dilatoires, elle en a singulièrement restreint l'usage. C'est ainsi que l'opposition n'est pas admise quand le prévenu est cité personnellement. C'est ainsi que l'appel des jugements interlocutoires et de compétence n'est permis qu'après le jugement sur le fond (art. 22), que le délai d'appel est réduit à deux jours, ce qui, en fait, entravera souvent le droit d'appel à raison des exigences fiscales (loi 22 frimaire an VII, art. 41); c'est ainsi encore que l'appel n'a pas d'effet suspensif, puisque le condamné détenu est, malgré l'appel, soumis au régime des condamnés (art. 25); c'est ainsi enfin que l'appel peut être jugé hors la présence de l'appelant, ce qui est une atteinte grave au principe de la contradiction, base de notre procédure criminelle (art. 24).

Il suffit de signaler ces particularités, — et il y en a bien d'autres, — pour montrer ce qu'a d'exceptionnel le régime des tribunaux répressifs.

Mais ce n'est pas tout. Le vice irrémédiable qui empêchera toujours de considérer ces tribunaux comme une véritable institution judiciaire, c'est l'investiture administrative donnée aux deux assesseurs et la qualité de fonctionnaires qu'ils peuvent avoir. Or, l'officier du Ministère public sera la plupart du temps un fonctionnaire de l'ordre administratif, dont le choix et la nomination appartiennent au Gouverneur général (art. 2 et 7). C'est toujours la même atteinte au principe de la séparation des pouvoirs, la même absence de garantie d'indépendance, de sorte que les tribunaux répressifs méritent encore le reproche que leur adressait le Garde des Sceaux, lorsque, devant la Commission de réforme, il disait que « la composition de ces tribunaux, dont deux membres sur trois sont nommés directement par le Gouverneur général, alors que le Ministère public faisant fonction de juge d'instruction est également nommé par lui, les fait ressembler beaucoup plus à des tribunaux d'ordre administratif qu'à des tribunaux d'ordre judiciaire. »

Au point de vue juridique, le seul auquel nous voulions nous placer, l'institution des nouveaux tribunaux a donné lieu aux plus vives critiques et aussi aux plus graves difficultés. En effet, le législateur de l'Algérie n'avait pu, dans quelques articles mal rédigés, obscurs et incomplets, condenser tout un Code d'instruction criminelle. L'on s'était demandé surtout comment en combler les lacunes et comment en combiner les dispositions avec les règles du droit commun. Il se créa à ce sujet, en moins d'un an, une jurisprudence aussi abondante qu'incertaine et divergente.

Mais à propos des tribunaux répressifs indigènes, il est une question primordiale qui se pose, c'est celle de la légalité des décrets qui les ont institués. La question est toujours pendante car, tranchée en principe par la Cour de cassation, elle continue à être très vivement discutée relativement à l'application de ces décrets sur plusieurs points. Et si nous avons cru devoir donner un aperçu de l'organisation et de la procédure des tribunaux répressifs indigènes, lesquelles dérogent si étrangement au droit commun, c'est afin de bien montrer l'importance de la question posée qui met en jeu de grands principes et touche à de graves intérêts.

Des jurisconsultes ont proclamé l'illégalité des décrets, en s'appuyant uniquement sur les principes et en faisant abstraction de raisons de sentiment pourtant puissantes, tandis qu'au contraire, dans de timides essais, anonymes d'ailleurs, où l'on négligeait complètement le point de vue juridique, leur légalité était soutenue par des raisons d'ordre et de sécurité absolument inopérantes, car, même si leur valeur était démontrée, elles ne sauraient justifier une illégalité.

Cependant pour affirmer la légalité absolue des décrets, on a donné une portée exagérée à cette proposition que « l'Algérie est soumise au régime des décrets » et l'on a dit que le Chef de l'Etat ayant, en ce qui concerne l'Algérie, la plénitude du pouvoir législatif, ses décrets pourraient même y modifier ou abroger une loi. Cette thèse, erronée et dangereuse, a été justement repoussée par la Cour d'Alger dans son arrêt du 17 juillet 1902 (*Journal de Robe*, 1902, p. 333) et la même solution a été consacrée par la Cour de cassation dans son arrêt du 28 août 1902 (D. P. 1902, 1, 497).

Dès lors ne semble-t-il pas que les décrets de 1902, se trouvant en contradiction avec un certain nombre de lois applicables à l'Algérie, soient absolument illégaux ? Oui, a-t-on dit, car le Code d'instruction criminelle et les lois modificatives sont en vigueur en Algérie, et un décret ne pouvait y déroger. Mais ceci touche à la question de procédure et il s'agit tout d'abord de savoir si la création même des tribunaux répressifs indigènes est légale.

On a dit que les tribunaux répressifs avaient reçu la sanction législative en vertu de l'article 150 de la loi du 21 février 1903, qui donne compétence pour connaître des délits forestiers aux juges de paix, « dont la compétence est déterminée par les décrets des 19 août 1854, 29 mars 1902 et 29 mai 1902. » Mais, en outre d'une erreur de citation, car il n'y a jamais eu de décret portant la date du 29 mai, l'on cherche vainement dans ce texte extraordinaire et qui dénote chez nos honorables une ignorance singulière de la législation algérienne, une consécration des tribunaux répressifs, puisqu'ils n'y sont pas nommés : les décrets de 1902 ont attribué compétence non au juge de paix, mais à un tribunal que la loi n'a pas désigné. La référence et la consécration législative qu'on voudrait en induire n'existent donc pas, et cela d'autant plus qu'aujourd'hui les décrets de 1902 sont formellement abrogés.

La question se place donc uniquement sur le terrain du pouvoir législatif, en Algérie, du Chef de l'Etat et de la force des décrets.

Il est certain qu'en Algérie l'institution des juridictions semble être du domaine des décrets, puisque toutes ont été créées ainsi jusqu'à ces dernières années. A ce propos, on a beaucoup parlé du décret du 19 août 1854 conférant aux juges de paix une certaine compétence correctionnelle et, de ce que la légalité de ce décret n'a pas été contestée, on a conclu qu'il devait en être de même pour les décrets instituant les tribunaux répressifs indigènes. La déduction est loin de s'imposer et le raisonnement se fonde sur un anachronisme. En effet, depuis 1854, sont intervenues des lois, la loi du 30 juillet 1881, sur les Cours d'assises, la loi du 28 juin 1881, renouvelée plusieurs fois, conférant aux administrateurs des communes mixtes, la juridiction de simple police pour les infractions à l'indigénat, et l'on doit en conclure que le législateur a retiré au Chef de l'Etat la délégation qu'il lui avait accordée auparavant et s'est réservé l'organisation de la juridiction répressive en Algérie. C'est bien le cas de répéter ce que disait déjà en 1881 M. Casimir Fournier, dans son rapport au Sénat sur la loi du 30 juillet 1881 : « Tout ce qui touche à l'organisation des juridictions criminelles est du domaine du pouvoir législatif. »

En outre et jusqu'ici, l'on a pas contesté la légalité des décrets instituant de véritables tribunaux, composés d'un ou plusieurs magistrats ; mais que dire d'un décret instituant une juridiction en dehors de toutes les règles et contrairement au principe de la séparation des pouvoirs posé par l'art. 13 de la loi des 16-24 août 1790, d'une juridiction à laquelle des jurisconsultes et même des arrêts ont refusé le nom de tribunal ?

Quoi qu'il en soit, par son arrêt du 28 août dernier, la Cour de cassation a admis, en principe, la légalité de l'institution. Mais la question présente une autre face. Si régulièrement institués que puissent être les nouveaux tribunaux, le pouvoir exécutif avait-il le droit d'inaugurer, en ce qui les concerne, une procédure nouvelle, dérogatoire au droit commun ? Cette procédure se trouve en contradiction avec des lois applicables à l'Algérie, qui semblent opposer un obstacle invincible à sa mise en œuvre. C'est ici surtout que gît l'illégalité des décrets.

Aussi, laissant de côté le premier point de vue tranché par la Cour suprême, et faisant la distinction qu'autorisent les termes de son arrêt, nous rechercherons quelle peut être la valeur légale des décrets de 1902 et de 1903 en tant qu'ils prétendent attribuer aux nouveaux tribunaux une compétence générale et en tant qu'ils leur imposent une procédure nouvelle.

A vrai dire, ce second point de vue est le plus important. Il domine le premier, car, en admettant que les nouveaux tribunaux soient légalement constitués, s'ils ne peuvent fonctionner qu'en violant des lois applicables à l'Algérie, autant dire qu'ils ne peuvent juger, puisque leurs décisions doivent être nécessairement illégales et partant sans force.

II. — RÉGIME LÉGISLATIF DE L'ALGÉRIE.

Pour résoudre la question posée et savoir dans quelle mesure le pouvoir exécutif a pu valablement légiférer en Algérie et avant de faire ressortir la contradiction existant entre la loi et nos décrets, il faut d'abord se demander quelle peut être en Algérie la force d'un décret. Pour cela, nous devons déterminer quel est actuellement le régime législatif de l'Algérie, et nous ne pourrons y arriver qu'en suivant les vicissitudes de ce régime à travers les périodes successives de notre histoire algérienne.

1° Pendant la première période, qui s'étend de l'époque de l'annexion (22 juillet 1834) à la Constitution de 1848, la question ne peut faire difficulté. En vertu de l'art. 25 de la loi du 24 avril 1833 dont l'art. 4 de l'ordonnance du 22 juillet 1834 n'est qu'une application, le Roi possède une délégation régulière et complète du pouvoir législatif : ses ordonnances ont force de loi.

2° Mais cette situation a été modifiée par la Constitution de 1848, car son art. 109 dispose que *le territoire de l'Algérie sera régi par des lois particulières*. Sans doute, d'après l'opinion dominante, cette disposition n'a pas eu pour effet de soustraire complètement l'Algérie au régime des décrets, mais la part réservée à ceux-ci est devenue fort restreinte. Sous l'empire de cette Constitution, en effet, le Conseil d'Etat a, le 30 octobre 1849, émis l'avis : *qu'il appartient au Gouvernement de statuer par décret sur une partie des questions qui se présentent, en réservant la loi pour celles dont l'importance réclamerait une solution législative.* La Cour de cassation a de même, par un arrêt du 19 avril 1851 (D. P. 51, 5, 19), restreint les attributions du pouvoir exécutif à la faculté de *prendre des mesures destinées à subvenir aux besoins pressants de l'ordre et de la tranquillité en Algérie.*

Si nous insistons sur les restrictions apportées par la Constitution de 1848 au droit du pouvoir exécutif de légiférer en Algérie, c'est que tel est le régime sous l'empire duquel, à notre avis, l'Algérie se trouve encore placée aujourd'hui, ainsi que nous le verrons.

3° Ce régime a-t-il été changé par la Constitution de 1852 ? Oui, a-t-on dit, car elle a abrogé entièrement la Constitution de 1848 et rendu au Chef de l'Etat la plénitude du pouvoir législatif en ce qui concerne l'Algérie.

Mais tout d'abord on peut se demander si l'abrogation de la Constitution de 1848 a pu avoir pour effet de remettre *ipso facto* en vigueur des textes que celle-ci avait elle-même abrogés. Et même, en admettant ce raisonnement, la Constitution de 1852 étant elle-même devenue caduque, sous quel régime se trouverait donc aujourd'hui placée l'Algérie ? Il serait difficile de le dire.

D'ailleurs, que dit la Constitution de 1852 ? Son art. 27 porte « *le Sénat règle par un sénatus-consulte la Constitution de l'Algérie et des Colonies.* » Et l'art. 18 du sénatusconsulte du 3 mai 1854 dispose que « *les colonies autres que la Martinique, la Guadeloupe et la Réunion, seront régies par un décret de l'Empereur.* » Ici apparaît la distinction fondamentale à faire entre l'Algérie et les autres colonies. L'Algérie, à cause de sa situation à proximité de la France, de la tendance si longtemps manifestée dans le sens de l'assimilation à la métropole, jouit d'une condition juridique particulière : *elle n'est pas considérée comme colonie.* Cette distinction, qui résulte nettement des termes mêmes de l'art. 27 de la Constitution de 1852 que nous venons de reproduire, montre bien que c'est à tort que l'on a prétendu que l'art. 18 du sénatusconsulte de 1854 aurait rendu au pouvoir exécutif la plénitude des attributions législatives relativement à l'Algérie. Cet art. 18 n'a statué, en effet, que pour les colonies, et l'Algérie n'est pas, à ce point de vue, une colonie. D'ailleurs, la pratique législative confirme entièrement cette manière de voir. En effet, les lois que le législateur veut rendre applicables au territoire colonial de la France portent cette mention : « La présente loi est applicable *à l'Algérie et aux colonies.* »

En un mot, la législation algérienne est distincte de la législation coloniale. Aussi M. le Gouverneur général a-t-il commis une confusion et donné une raison inopérante lorsque, pour défendre la légalité de ses décrets, il a dit « qu'il était conforme aux principes généraux de notre législation coloniale de réglementer par un simple décret cette matière d'ordre exclusivement indigène. »

Il est donc établi que ni la Constitution de 1852, ni un acte subséquent n'a rendu au pouvoir exécutif le droit absolu de légiférer qui lui avait été conféré en 1833, mais qu'il a perdu en 1848. Si le pouvoir exécutif avait eu une délégation législative absolue, le législateur n'aurait pas 'eu besoin d'édicter la loi du 9 mai 1863 pour modifier simplement les art. 429 et 431 du Code d'instruction criminelle. Il est impossible, si l'on n'admet pas notre manière de voir, d'expliquer cette intervention du Corps législatif.

Jamais, sous l'Empire, on n'a soutenu que le pouvoir exécutif eût, en ce qui concerne l'Algérie, la plénitude des attributions législatives. Au contraire, à propos d'un décret impérial du 2 avril 1854 que le Conseil d'Etat, par un arrêt du 28 février 1866 (D. P., 66, 3, 107), a d'ailleurs déclaré illégal comme contraire à une loi, M. le Commissaire du Gouvernement s'exprimait ainsi : « On pourrait soutenir que du moment où la juridiction civile existe et fonctionne en Algérie, il ne pouvait appartenir à un seul décret de changer l'ordre des compétences, d'attribuer à un tribunal d'exception la connaissance de litiges qui, par leur essence même, sont du domaine des tribunaux ordinaires. Nous le répétons, à ce premier point de vue, la question pourrait être soulevée et nous croyons qu'elle serait susceptible d'être sérieusement discutée. » On croirait vraiment ces lignes écrites à l'occasion des tribunaux répressifs indigènes. On le voit, dans l'esprit du concluant, le pouvoir de légiférer attribué au Chef de l'Etat est toujours soumis aux restrictions qu'y a apportées la Constitution de 1848 et les modifications de compétence rentrent bien dans la catégorie de ces questions dont le Conseil d'Etat, en 1849, disait que leur importance réclame une solution législative.

La Cour de cassation a sanctionné cette manière de voir, car, par un arrêt du 19 décembre 1879 (D. P., 80, 1, 241), elle n'a reconnu au Chef de l'Etat, sous l'empire de la Constitution de 1852, que le droit de régler par décret *ce qui intéresse l'ordre et la conservation de la colonie.*

4° Si la Constitution dictatoriale de 1852 n'a pas rendu au Chef de l'Etat la plénitude du pouvoir législatif, il est impossible de prétendre que cela ait pu être fait par la Constitution républicaine de 1875.

En effet, si, comme nous le croyons, l'Ordonnance de 1834 n'était plus applicable dans son intégralité sous le second Empire, elle ne peut l'être davantage sous la troisième République, et même si l'on admettait qu'elle a été complètement remise en vigueur en 1852 par la Constitution impériale, celle-ci étant devenue caduque en 1870 par la chute du régime qu'elle organisait, on ne voit pas comment le pouvoir législatif qu'elle conférait au Chef de l'Etat aurait pu se transmettre au Président de la République. Les auteurs opposés à la thèse que nous venons de développer, eux-mêmes, admettent qu'il est plus rationnel de reconnaître seulement au Chef de l'Etat républicain les pouvoirs accordés par une Constitution républicaine, et non ceux qui auraient pu être exercés par un Chef d'Etat monarchique. C'est ainsi que M. Cazalens dit que « pour les points que les lois constitutionnelles en vigueur n'ont pas expressément réglés, l'Assemblée nationale a entendu se référer à la Constitution de 1848 et non à celle de 1852. »

« La Constitution de 1848, interprétée par l'Avis du Conseil d'Etat de 1849, paraît donc bien le seul texte sur lequel on puisse aujourd'hui se fonder pour reconnaître au Président de la République un pouvoir législatif en Algérie. » Ainsi s'exprime, dans sa brochure *Deux Décrets illégaux*, M. Appleton, professeur à la Faculté de droit de Lyon, qui a cru devoir, en leur prêtant l'appui de son autorité, adopter nos idées sur ce point et dont la haute approbation nous est particulièrement précieuse (1).

Loin de vouloir placer l'Algérie sous un régime spécial, il est certain, au contraire, que le Gouvernement de la Défense nationale a entendu assimiler l'Algérie à la France tant au point de vue de l'organisation politique que de l'organisation judiciaire : cela résulte formellement des dispositions et des motifs de deux décrets rendus le 24 octobre 1870 et la Constitution de 1875 n'a certainement rien changé à cela.

Il semble donc que si aujourd'hui, par une réaction peut-être exagérée, on veut rompre avec l'assimilation, encore faudrait-il suivre la voie législative. L'institution de tribunaux constitués en dehors de toutes les règles, la modification profonde de la procédure criminelle, les restrictions apportées aux voies de recours, tout cela rentre bien dans la catégorie de ces matières importantes dont la réglementation doit appartenir au pouvoir législatif. Telle a toujours été d'ailleurs la pratique suivie sous la troisième République. Pour donner aux administrateurs les pouvoirs des juges de simple police, on fait des lois temporaires (la dernière est du 21 décembre 1897); pour constituer des Cours criminelles c'est encore une loi (L. 30 déc. 1902) que l'on a cru devoir édicter. Pourquoi faire pour les tribunaux répressifs, juridiction intermédiaire, une exception qui ne se justifie ni en droit ni en fait? N'est-il pas contradictoire que, dans la même année 1902, on ait au mois de mai créé des tribunaux répressifs par décret et, au mois de décembre, des Cours criminelles par une loi?

III. — LES DÉCRETS ET LES LOIS APPLICABLES A L'ALGÉRIE.

Il est donc certain que la délégation législative accordée au Chef de l'Etat en 1833 a été restreinte par la Constitution de 1848, sans qu'aucune loi postérieure lui en ait rendu la plénitude. Ce droit de légiférer, exceptionnellement attribué au pouvoir exécutif, ne peut s'exercer que *pour prendre des mesures destinées à subvenir aux besoins pressants de l'ordre et de la tranquillité*. Telle est la formule employée par la Cour de

(1) Dans le même sens : Tilloy, *Répertoire*, v° *Abrogation*, n° 11.

cassation dans un important arrêt du 22 mars 1878 (D. P., 80, 1, 287). On le voit, sous le régime actuel, comme sous la Constitution de 1852, et sous celle de 1848, le pouvoir législatif réservé au Chef de l'Etat a même étendue et même limite.

Il resterait donc à établir, pour justifier les décrets de 1902, que les besoins de la sécurité exigeaient absolument le bouleversement de nos institutions judiciaires, la suppression du droit commun et le dessaisissement de l'autorité judiciaire relativement à l'exercice de la police judiciaire. Il resterait aussi à établir que ces besoins étaient si pressants qu'il y avait urgence absolue à statuer immédiatement par voie de décret. Il ne semble pas qu'il en soit ainsi si l'on se reporte aux dernières statistiques qui constatent une diminution de la criminalité en Algérie. En effet, le Rapport officiel sur l'administration de la justice criminelle en Algérie en 1901 constate la non-augmentation du chiffre des affaires correctionnelles, la diminution du nombre des plaintes et dénonciations, et conclut en disant que « le mouvement de la criminalité en Algérie présente des résultats d'ensemble très satisfaisants. » Dès lors, il devient difficile de dire que c'est un besoin de sécurité qui a nécessité la création des nouveaux tribunaux.

La délégation accordée au Chef de l'Etat en matière de législation algérienne n'est plus complète. Restreinte par la Constitution de 1848 à laquelle s'en est référée celle de 1875, elle se trouve encore restreinte par ce fait que de nombreuses lois sont devenues applicables à l'Algérie. Aussi aujourd'hui le pouvoir du Chef de l'Etat ne saurait s'étendre jusqu'à modifier une loi en vigueur en Algérie. En effet, il n'exerce ici ses pouvoirs qu'en vertu d'une délégation du pouvoir législatif et le droit qui lui est exceptionnellement accordé est subordonné à l'obligation de respecter les règles établies par le législateur lui-même. Celui-ci est souverain ; il a pu valablement déléguer ses pouvoirs, mais il ne les a pas abdiqués, il est maître de les reprendre, et, dès lors, la loi prime le décret, car, dans toutes les matières où elle est applicable, il y a retrait formel ou tacite de la délégation.

C'est pourquoi la Cour de cassation a formellement déclaré que les lois françaises en vigueur en Algérie ne peuvent être modifiées par décret (Cass., 24 juillet 1899, *Revue Algérienne*,

1899, 2, 337). En matière criminelle, la faculté de légiférer attribuée au pouvoir exécutif ne peut s'exercer que relativement à des matières non traitées et non régies par des lois et à *des obligations et infractions spéciales non prévues par le Code pénal* (Cass., 22 mars 1878, cité *suprà*).

Résumant cette thèse, M. le conseiller-rapporteur Bard, lors de l'arrêt de la Cour de cassation du 28 août dernier, a dit que « le droit du pouvoir exécutif ne saurait s'étendre jusqu'à modifier une loi en vigueur en Algérie. »

Ces principes posés, nous pouvons maintenant résoudre la question que nous avons formulée, à savoir si le pouvoir exécutif avait le droit, en instituant une juridiction nouvelle, d'inaugurer une procédure dérogatoire au droit commun. Cette procédure est en contradiction avec des lois applicables à l'Algérie ; aussi sommes-nous obligé de répondre négativement. Si pressants, en effet, que l'on veuille prétendre les besoins de l'ordre et de la sécurité, si nécessaire et si urgente que l'on veuille prétendre la réforme, il n'appartenait pas au pouvoir exécutif de l'édicter. Les pouvoirs, restreints aux limites indiquées, qui lui ont été délégués par la loi, s'arrêtent forcément devant une loi. Il ne peut être touché à celle-ci que conformément à la procédure législative et dans toutes les matières où une loi est intervenue, le pouvoir exécutif se trouve privé du droit de prendre aucune mesure, celle-ci fût-elle même dictée par cette nécessité du maintien de l'ordre qui limite aujourd'hui la sphère dans laquelle peut s'exercer légitimement en Algérie le pouvoir législatif du Chef de l'Etat. Dans la contradiction qui apparaît entre les décrets de 1902 et les lois applicables à l'Algérie, il faut maintenir celles-ci parce qu'ils n'ont pu les abroger ni les modifier.

Faut-il faire une distinction entre les lois déclarées applicables à l'Algérie par le législateur lui-même et celles que le pouvoir exécutif a cru devoir y promulguer, les premières demeurant intangibles, tandis que les secondes pourraient être modifiées par un décret ? Jamais, jusqu'à ces derniers temps, on n'avait proposé une distinction semblable. La jurisprudence parle toujours de *lois en vigueur en Algérie*, sans distinguer. Elle a même décidé qu'un décret ne pourrait modifier les dispositions d'un Code appliqué en Algérie, et cependant aucun de nos Codes n'a été déclaré applicable à l'Algérie par une loi, la plupart le sont devenus par l'effet de la conquête. (Alger, 28 juin 1882, *Bulletin judiciaire de l'Algérie*, 1882, 322). D'une manière générale, les lois en vigueur en Algérie sont celles qui y ont été déclarées applicables par le législateur lui-même et celles qui l'ont été par le pouvoir exécutif (Jacquey, *Journal de Robe*, 1883, p. 238). La jurisprudence déclare bien applicables à l'Algérie, *ipso facto*, les lois modificatives de celles qui y sont déjà exécutoires. Un décret ne pourrait y toucher, et alors comment admettre qu'une loi aura moins de force, précisément parce que le pouvoir exécutif aura cru devoir la promulguer? En vain, dit-on, que dans ce cas, le pouvoir exécutif fait œuvre de législateur, qu'il fait un décret calqué sur la loi, et qu'en conséquence il peut reprendre ce qu'il a donné. C'est puérilité pure. Le pouvoir exécutif se dessaisit alors au profit du pouvoir législatif, et il serait singulier qu'il puisse ensuite se placer au-dessus de celui-ci. S'il renonce au bénéfice de sa délégation, de quel droit voudrait-il la reprendre aux mains d'un pouvoir placé au-dessus de lui (1)?

Mais il y a mieux. La loi du 13 juin 1856, sur laquelle nous reviendrons, a été déclarée applicable à l'Algérie par un décret du 15 décembre 1858. Or, c'est précisément à cause de l'existence de cette loi qu'en 1863 on a cru devoir faire une loi pour modifier deux articles du Code d'instruction criminelle devenus applicables de par ce décret. « Ainsi, » disait le rapporteur parlant au nom de la Commission chargée de présenter à ce sujet une proposition qui est devenue la loi du 9 mai 1863, « depuis 1858 sont devenus applicables à la colonie le chapitre I, titre II, livre II du Code d'instruction criminelle pour les pourvois en cassation contre les arrêts de mise en accusation et toute la législation qui régit les pourvois et leurs effets. » De là la nécessité reconnue d'une loi pour modifier les articles 429 et 431 Code d'instruction criminelle, devenus ainsi applicables.

C'est aussi parce que certaines dispositions législatives

---

(1) Sur ce point cependant la juridiction administrative vient de se prononcer en sens contraire (Cons. d'Etat, 16 janv. 1903, *Journal de Robe*, 1903, 191). La théorie de cet arrêt, qui n'est pas motivé, serait excessivement dangereuse. La jurisprudence civile n'a pas eu à se prononcer.

avaient été promulguées en Algérie par le décret du 24 octobre 1870 sur les Cours d'assises (nous disons décret et non décret-loi, car il s'agissait d'une matière ou n'était encore intervenue aucune loi) qu'il a fallu la loi du 30 juillet 1881 pour les modifier.

Toute distinction serait donc infondée, en même temps qu'arbitraire et dangereuse. La loi est la loi, et dès qu'elle est applicable à l'Algérie, elle le devient avec toute sa force et rien ne peut changer sa nature, qui fait qu'elle ne saurait être modifiée par un décret. Autrement les droits les plus sacrés inscrits dans nos Codes seraient foulés aux pieds si, en dehors des formes légales et protectrices, une atteinte pouvait être portée aux lois qui font réellement partie du patrimoine de ceux qui en ont bénéficié jusqu'ici.

IV. — SUITE. — ÉTUDE DES LOIS EN CONTRADICTION AVEC LES DÉCRETS.

En vertu de ces principes, il est difficile de ne pas considérer comme illégaux les décrets sur les tribunaux répressifs en tant qu'ils organisent une procédure et des voies de recours en contradiction avec les lois en vigueur en Algérie.

Il nous reste à dire quelles sont ces lois.

Le Code d'instruction criminelle est devenu applicable à l'Algérie par le fait même de la conquête consacrée par l'Ordonnance du 22 juillet 1834. La jurisprudence est constante en ce sens. (Voy. notamment : Cass. 17 août 1865, D. P. 65, 1, 503.)

Sans doute les lois antérieures à la conquête ne sont devenues applicables à l'Algérie que dans la mesure compatible avec les mœurs et les circonstances locales ; mais dès que les tribunaux correctionnels y ont été organisés avec la même composition et la même compétence qu'en France, la procédure correctionnelle est devenue forcément applicable. L'article 62 de l'Ordonnance du 26 septembre 1842 le dit formellement. Il y a là, de la part du pouvoir exécutif, omnipotent à l'époque, un renvoi au droit commun, aux dispositions du Code d'instruction criminelle qui, depuis lors, ont été purement et simplement appliquées. Cette matière est entrée dans le domaine de la loi. Dès lors, un décret ne pouvait la modifier en substituant, par exemple, la citation verbale à la citation dont les formes sont réglées par l'article 182 du Code d'instruction criminelle, en modifiant complètement les règles du jugement de l'appel.

Mais d'autres parties du Code d'instruction criminelle, en même temps que des lois subséquentes, sont devenues applicables à l'Algérie.

Le décret du 15 décembre 1858 a déclaré applicables à l'Algérie les chapitres 6, 7, 8 et 9 du livre I du Code d'instruction criminelle ainsi que la loi du 13 juin 1856. Les chapitres sus-indiqués sont ceux qui déterminent les attributions du juge d'instruction et consacrent la séparation des pouvoirs d'instruction et des pouvoirs de poursuite. Or, les décrets confondent ces deux pouvoirs pour les attribuer à une même personne.

Quant à la loi du 13 juin 1856, modifiant les articles 200 et suivants, C. Inst. crim., elle donne au prévenu un droit d'appel général et décide que ce recours sera porté à la Cour d'appel (art. 201 et 202 C. Inst. crim.). Or, les premiers décrets restreignent dans des limites étroites le droit d'appel du prévenu, l'enlèvent aux autres parties privées en cause et le décret de 1903, s'il permet l'appel dans tous les cas, le restreint néanmoins singulièrement quant à son délai, à sa portée et à ses effets.

Il résulte formellement de l'arrêt cité de la Cour de cassation du 22 mars 1878 que si un décret a pu interdire l'appel relativement aux infractions en matière d'indigénat, c'est parce que ce décret ne heurtait aucune loi, car il s'agissait de « *matières non traitées et non régies par des lois, d'obligations et infractions spéciales non prévues par le Code pénal.* » La conséquence de ce principe certain posé par la Cour suprême, c'est qu'ici, puisqu'il s'agit de matières régies par des lois, d'infractions prévues par le Code pénal, un décret ne pouvait limiter le droit d'appel. Le décret du 29 mars 1902 était donc, sur ce point, entaché d'une illégalité que le décret de 1903 a fait disparaître en partie.

La loi du 8 décembre 1897 sur l'instruction contradictoire est devenue applicable à l'Algérie, soit comme modificative du

Code d'instruction criminelle, soit plutôt par la volonté même du législateur, car la loi contient cette formule finale : « *la présente loi est applicable aux colonies de la Martinique, de la Guadeloupe et de la Réunion,* » formule employée déjà dans d'autres lois, et d'où l'on a conclu *a fortiori* que la loi ainsi promulguée est applicable de plein droit à l'Algérie. Cette applicabilité, que la Cour d'Alger n'a pas même pris la peine de justifier tant elle est certaine, a d'ailleurs été formellement admise par la Cour de cassation (12 février 1898, D. P. 98, 1, 288). Il n'appartenait pas aux décrets de 1902 de l'abroger en dessaisissant le juge d'instruction et en remplaçant celui-ci par un magistrat hybride placé en dehors de la hiérarchie judiciaire, ni, pour arriver à ce résultat, de déclarer tous les délits flagrants. Il appartenait encore moins au décret de 1903 de la déclarer formellement inapplicable (art. 10).

V. — CONTRADICTION ENTRE LES DÉCRETS ET LA LOI DU 27 MAI 1885.

Mais la loi qui s'est trouvée le plus irrésistiblement en contradiction avec nos décrets et qui a entraîné leur inapplicabilité partielle, c'est la loi du 27 mai 1885 sur la relégation, que la volonté du législateur lui-même a déclaré applicable à l'Algérie (art. 20).

Les tribunaux répressifs indigènes peuvent-ils prononcer la relégation ? Dès la promulgation des décrets de 1902, les jurisconsultes ont répondu négativement à la question, et les raisons abondent pour cette solution.

En effet, en dehors de l'interdiction par l'art. 11 de la loi de la procédure de flagrant délit, qui était seule applicable d'après les décrets de 1902, en dehors de l'obligation de l'assistance d'un défenseur, pratiquement impossible ailleurs que devant les tribunaux situés aux chefs-lieux d'arrondissement, l'incompétence des tribunaux répressifs résulte de l'art. 2 de la loi. Cet article 2 défend aux tribunaux d'exception de prononcer la relégation. Or, les tribunaux répressifs indigènes constituent bien une juridiction d'exception. Il est bien difficile de le nier ; outre qu'ils ont une composition spéciale et une procédure particulière, il suffit de remarquer — et ceci est décisif — qu'ils n'ont qu'une compétence limitée à une catégorie de justiciables, alors que précisément on reconnaît un tribunal de droit commun à ce qu'il juge la collectivité. C'est en ce sens que s'est prononcée la jurisprudence (Trib. rép. Alger, 21 juin 1902, *Journal de Robe*, 1902, 213 ; Trib. Philippeville, 11 juillet 1902, *Journal des trib. alg.*, 27 juillet 1902 et notre note ; Trib. Bône, 18 sept. 1902, *Journal des trib. alg.*, 5 oct. 1902 et notre note ; Trib. Sétif, 19 sept. 1902, *Journal des trib. alg.*, 2 nov. 1902 et notre note ; Trib. rép. Condé-Smendon, 24 oct. 1902, *Journal des trib. alg.*, 19 nov. 1902 et notre note ; Trib. rép. Bel-Abbès, 25 oct. 1902, *Journal de Robe*, 1902, 339 ; Trib. Bône, 27 nov. 1902, *Journal des trib. alg.*, 28 déc. 1902 ; Trib. Alger, 30 oct. 1902, *Journal de Robe*, 1902, 425 ; Trib. Guelma, 31 oct. 1902, *Journal de Robe*, 1903, 70). La Cour de cassation a sanctionné cette opinion par un arrêt du 15 nov. 1902 (*Journal de Robe*, 1902, 351), et plus tard par un arrêt du 5 fév. 1903 (*Journal de Robe*, 1903, 42), elle a consacré nettement le caractère d'exception de la nouvelle juridiction.

Cette incompétence des tribunaux répressifs entraînait pour eux l'impossibilité de statuer sur le dernier délit qui, par sa corrélation avec les condamnations antérieures déjà encourues par le prévenu, est susceptible de faire prononcer contre lui la relégation. Les deux incompétences n'en font qu'une, car elles dérivent de la même cause, le caractère d'exception des nouveaux tribunaux, qui, aux termes de l'art. 2 de la loi, ne leur permet de prononcer ni la relégation ni de peine marquant pour son application.

Dès lors l'on traduisit devant les tribunaux correctionnels les prévenus relégables, ce qui était déjà bizarre, car c'étaient les moins intéressants qui continuaient à jouir des garanties de droit commun que l'on croyait devoir refuser aux autres.

Mais alors naquit une difficulté très grave et l'on se demanda si les décrets de 1902 ne seraient pas entachés d'une illégalité partielle beaucoup plus importante quant à sa conséquence, car elle ne tendrait à rien moins qu'à rendre la compétence des tribunaux répressifs exceptionnelle, de générale qu'elle devait être.

Les tribunaux répressifs, juridiction d'exception, ne peuvent prononcer des condamnations susceptibles de compter pour l'application de la peine complémentaire de la relégation (art. 2). Parmi les délits entraînant des condamnations de cette nature figurent le vol, l'escroquerie, l'abus de confiance, les plus fréquents chez les indigènes.

Or, si conformément aux décrets, on continue à déférer aux tribunaux répressifs les indigènes prévenus de ces délits, c'est la relégation désormais supprimée pour eux. En effet, les condamnations prononcées par ces tribunaux ne pouvant compter pour l'application ultérieure de la relégation, peu importe le nombre de condamnations qu'un indigène pourra avoir encourues devant eux pour les délits de la catégorie de ceux spécifiés, il ne pourra jamais être relégué. En appliquant à la lettre les décrets, il s'ensuivrait que ceux-ci auraient abrogé pour le territoire civil de l'Algérie la loi du 27 mai 1885 ; or, ce droit n'appartient pas au pouvoir exécutif, nous le savons. Le résultat serait des plus bizarres, car l'on comprend difficilement un décret qui a eu pour but, dit-on, de remédier à l'insécurité, aboutissant à la suppression d'une loi de sécurité, et créant un privilège pour des délinquants que précisément l'on a voulu traiter plus sévèrement. Alors l'auteur des décrets aurait fait de l'arabophilie sans le savoir, comme M. Jourdain faisait de la prose !

Il n'y avait donc qu'un moyen pour réaliser la pensée même du décret et pour observer en même temps la loi : il fallait dessaisir les tribunaux répressifs de tous les délits pouvant entraîner une condamnation susceptible de compter pour la relégation. La relégation résulte obligatoirement d'une collection de condamnations et les tribunaux répressifs ne pouvant la prononcer, ni prononcer de condamnations de nature à l'entraîner dans un avenir plus ou moins éloigné, l'on ne peut observer la loi qu'en mettant sur le même pied, au point de vue de la compétence, et la condamnation à la peine accessoire et la condamnation aux peines principales qui doivent l'entraîner.

L'impossibilité pour les tribunaux répressifs de prononcer la relégation entraîne l'impossibilité d'appliquer des peines susceptibles de compter pour l'application de cette peine, car, dans les deux cas, elle résulte de la prohibition édictée par l'art. 2 de la loi. Par conséquent, du moment où il y a incompétence dans un cas, il doit y avoir aussi incompétence dans l'autre. Il est bien admis que le tribunal répressif est incompétent pour connaître du dernier délit qui rend un prévenu relégable et cela, dit-on, parce que ce tribunal, qui ne peut prononcer la relégation, ne peut non plus prononcer de peine marquant pour son application. Qui ne voit dès lors qu'il faut aussi, par la même raison, le déclarer incompétent pour statuer sur tous les délits de cette catégorie, alors même que le prévenu n'arrive pas encore au dernier terme de la récidive?

La question se présenta devant la Cour d'Alger, saisie comme juridiction d'appel, d'une affaire concernant un prévenu inculpé de vol, mais non encore relégable. Par un arrêt du 18 décembre 1902 (*Journal de Robe*, 1903, 29), elle proclama l'incompétence des tribunaux répressifs par cela seul qu'il s'agit d'un délit visé par la loi de 1885.

Mais, par son arrêt du 5 février 1903, la Cour de cassation a partiellement cassé cette décision. Tout en reconnaissant le caractère d'exception des tribunaux répressifs, elle admet cependant leur compétence pour connaître des délits de vol et autres commis par les indigènes. La décision de la Cour suprême mérite les plus vives critiques. Elle aboutit, en effet, à la suppression de la relégation et à l'abrogation pour l'Algérie d'une loi qu'elle déclare cependant intangible, et tombe dans la contradiction la plus fâcheuse en admettant la légalité d'un décret qui entraîne l'abrogation de cette même loi.

Saisie à son tour comme Cour de revision, ayant, aux termes du décret du 28 mai 1902, les pouvoirs et les attributions d'une Cour de cassation, la Cour d'Alger a maintenu sa première jurisprudence (Alger, 6 mars 1903, *Journal de Robe*, 1903, 92), qu'un certain nombre de tribunaux ont cru devoir suivre. Il existe donc sur cette importante question deux arrêts absolument contraires, émanés de deux juridictions ayant même autorité et entre lesquelles il ne peut y avoir de conflit ni, par suite, de règlement de juges. On conçoit quels furent les inconvénients d'une pareille situation qui aboutit à un véritable gâchis judiciaire.

Aujourd'hui, les tribunaux répressifs conservant leur composition et surtout leur compétence restreinte, leur caractère n'a pas changé et les mêmes conséquences s'imposent. Aussi la Commission extra-parlementaire, reconnaissant que le conflit entre la loi de 1885 et les décrets tant de 1902 que de 1903, ne peut être réglé que par une loi, puisqu'il s'agit d'une illégalité partielle et n'étant chargée que de préparer un décret, a néanmoins émis un vœu à ce sujet. Elle a demandé que l'indigène passible de la relégation soit traduit devant le tribunal correctionnel, et comme il n'y a pas de relégation possible sans condamnations principales, elle a demandé aussi que le tribunal correctionnel puisse faire entrer en ligne de compte les condamnations prononcées par les tribunaux répressifs.

C'est seulement lorsque ce vœu se sera transformé en loi, que la nouvelle juridiction aura reçu la consécration légale.

Quoi qu'il en soit, il importe de retenir que l'illégalité des décrets sur certains points où ils se trouvent en contradiction avec la loi de 1885 a été proclamée. Cela conduit bien à admettre leur illégalité non plus partielle, mais absolue, puisqu'ils dérogent à nombre de lois applicables à l'Algérie.

VI. — Conclusion.

De cet examen il résulte que les décrets sur les tribunaux répressifs, légaux peut-être en principe, sont cependant entachés d'illégalité partielle de nature à entraver, à empêcher le fonctionnement des nouveaux tribunaux. En effet, si leur compétence n'est plus générale, le but de l'institution est manqué. Et à quoi sert de créer un tribunal si on lui impose des formes qu'il ne peut légalement suivre? C'est une institution mort-née et inutile, car de deux choses l'une : ou les nouveaux tribunaux observeront les règles du droit commun, et alors ils violeront le texte qui les a institués ; ou ils suivront ce texte, et alors leurs décisions seront illégales.

Mais comment proclamer ces illégalités? La Cour d'Alger, dans son arrêt du 17 juillet 1902, et après elle la Cour de cassation dans son arrêt du 28 août, tout en reconnaissant la légalité, en principe, des décrets, se sont refusés à examiner leur illégalité partielle en tant qu'ils dérogent à des lois de procédure applicables à l'Algérie.

Il y a même un tribunal (Philippeville, 11 juillet 1902), cité *suprà*) qui a dit que les tribunaux ne peuvent examiner la légalité des décrets pris pour l'Algérie par le pouvoir exécutif, car ils constituent de véritables lois. Théorie exagérée ; la preuve que ces décrets n'ont pas ce caractère, c'est qu'ils ne peuvent abroger une loi. Il existe, en effet, de nombreuses lois applicables à l'Algérie, et en soutenant que les matières sur lesquelles ont statué nos décrets sont entrées dans le domaine de la loi, on met les tribunaux dans l'obligation de statuer, car, ainsi que le dit M. Laferrière (*Traité de la juridiction administrative*, II, p. 9), « si le Gouvernement réglait aux colonies des matières réservées au législateur, les tribunaux auraient le droit de tenir ses prescriptions pour non avenues. En décidant ainsi, ils ne se mettraient pas en opposition avec la loi, ils en assureraient, au contraire, l'application. » Les Tribunaux répressifs, eux, déclarèrent à l'envi qu'ils n'avaient qu'à appliquer le texte qui les a institués et se refusent à proclamer ce que l'un d'eux a appelé « une déchéance. »

La Cour de cassation, par un arrêt du 4 septembre 1902 (*Revue algérienne*, 1902, 2, 269), crut pouvoir déclarer irrecevable le pourvoi formé contre les décisions de tribunaux répressifs et, par là, elle s'interdit l'examen des questions si délicates soulevées par la nouvelle institution. Aujourd'hui il n'en serait plus de même (**D.** 9 août 1903, art. 26). Mais étant donné les arrêts qu'elle a déjà rendus sur la matière et dont le principal défaut est d'être faiblement, — ou même point du tout, — motivés, nous avons peu d'espoir dans un revirement de jurisprudence. La Cour suprême n'a-t-elle pas déjà admis la légalité de l'attribution de compétence pour les délits prévus par la loi de 1885, laquelle aboutit à l'abrogation de cette loi ? N'a-t-elle pas admis la légalité de la suppression du pourvoi en cassation ?

Néanmoins, la jurisprudence algérienne, dont il y a lieu de louer l'indépendance, a proclamé l'illégalité des décrets en ce qui concerne la relégation et les délits susceptibles de l'entraîner, et la Cour de cassation a dû, en partie, sanctionner sa manière de voir.

C'est cette illégalité partielle, nous le savons, qui a entravé le fonctionnement des tribunaux répressifs, et c'est elle qui motivera le vote d'une loi que le Garde des Sceaux s'est engagé à solliciter promptement. Il est à souhaiter qu'elle aboutisse promptement. Les Chambres auront alors le droit d'examiner la composition et la procédure des tribunaux répressifs, et ce n'est qu'à bon escient, nous en sommes convaincu, qu'elles donneront à l'institution la sanction qui, seule, en établira indiscutablement la légalité et mettra fin aux doutes des juris-tes et aux incertitudes de la jurisprudence.